Date: 6/23/20

SP J 179.9 MUR
Murray, Julie
Confiar

Confiar

Julie Murray

Abdo

NUESTRA PERSONALIDAD

Kids

abdopublishing.com

Published by Abdo Kids, a division of ABDO, PO Box 398166, Minneapolis, Minnesota 55439.
Copyright © 2018 by Abdo Consulting Group, Inc. International copyrights reserved in all countries.
No part of this book may be reproduced in any form without written permission from the publisher.

Printed in the United States of America, North Mankato, Minnesota.

102017

012018

 THIS BOOK CONTAINS
RECYCLED MATERIALS

Spanish Translator: Maria Puchol

Photo Credits: iStock, Shutterstock

Production Contributors: Teddy Borth, Jennie Forsberg, Grace Hansen

Design Contributors: Christina Doffing, Candice Keimig, Dorothy Toth

Publisher's Cataloging in Publication Data

Names: Murray, Julie, author.

Title: Confiar / by Julie Murray.

Other titles: Trust. Spanish

Description: Minneapolis, Minnesota : Abdo Kids, 2018. | Series: Nuestra personalidad |
    Includes online resources and index.

Identifiers: LCCN 2017945856 | ISBN 9781532106262 (lib.bdg.) | ISBN 9781532107368 (ebook)

Subjects: LCSH: Trust--Juvenile literature. | Children--Conduct of life--Juvenile literature. |
    Moral education--Juvenile literature. | Spanish language materials--Juvenile literature.

Classification: DDC 179--dc23

LC record available at https://lccn.loc.gov/2017945856

Contenido

Confiar

Se puede mostrar confianza
de muchas maneras.
¿Sabes cómo?

Pedro habla con su papá.

Le cuenta la verdad.

Lola levanta la mano.
Su maestra confía en que
va a seguir las reglas.

Evan hace un examen. Se centra en su propio trabajo, no **hace trampa**.

Zack devuelve el dinero que se encontró. No se lo queda.

Hugo ayuda a su mamá. Ella confía en que va a hacer un buen trabajo.

Jane mantiene sus **promesas**.

Cumple con lo que dice.

Ana saca la basura. Sus papás confían en que va a hacer sus **quehaceres**.

¿Has mostrado confianza hoy?

Formas de mostrar confianza

hacer los quehaceres

seguir las reglas

ayudar a otros

contar la verdad

Glosario

hacer trampa
romper las reglas de una
manera injusta.

promesa
compromiso de hacer algo por
voluntad propia.

quehaceres
tareas habituales de la casa
o del jardín.

Índice

Abdo Kids
ONLINE
FREE! ONLINE MULTIMEDIA RESOURCES

¡Visita nuestra página abdokids.com
y usa este código para tener acceso
a juegos, manualidades, videos y
mucho más!

Código Abdo Kids:
CTK0130